mokykla - Szkoła	2
kelionė - Podróż	5
transportas - Transport	8
miestas - Miasto	10
kraštovaizdis - Krajobraz	14
restoranas - Restauracja	17
prekybos centras - Supermarket	20
gėrimai - Napoje	22
maistas - Jedzenie	23
ūkininko ūkis - Gospodarstwo chłopskie	27
namas - Dom	31
svetainė - Pokój dzienny	33
virtuvė - Kuchnia	35
vonios kambarys - Łazienka	38
vaiko kambarys - Pokój dziecięcy	42
drabužis - Ubiór	44
biuras - Biuro	49
ekonomika - Gospodarka	51
profesijos - Zawody	53
įrankiai - Narzędzia	56
muzikos instrumentai - Instrumenty muzyczne	57
zoologijos sodas - Zoo	59
sportas - Sport	62
užsiėmimai - Działania	63
šeima - Rodzina	67
kūnas - Ciało	68
ligoninė - Szpital	72
nelaimingas atsitikimas - Nagły przypadek	76
Žemė - Ziemia	77
laikrodis - Zegar	79
savaitė - Tydzień	80
metai - Rok	81
formos - Kształty	83
spalvos - Kolory	84
priešingos reikšmės žodžiai - Przeciwieństwa	85
skaičiai - Liczby	88
kalbos - Języki	90
kas / ką / kaip - kto / co / jak	91
kur - gdzie	92

Impressum
Verlag: BABADADA GmbH, Nedderfeld 112 , 22529 Hamburg
Geschäftsführer / Verlagsleitung: Harald Hof
Druck: Books on Demand GmbH, In de Tarpen 42, 22848 Norderstedt

Imprint
Publisher: BABADADA GmbH, Nedderfeld 112 , 22529 Hamburg, Germany
Managing Director / Publishing direction: Harald Hof
Print: Books on Demand GmbH, In de Tarpen 42, 22848 Norderstedt, Germany

mokykla
Szkoła

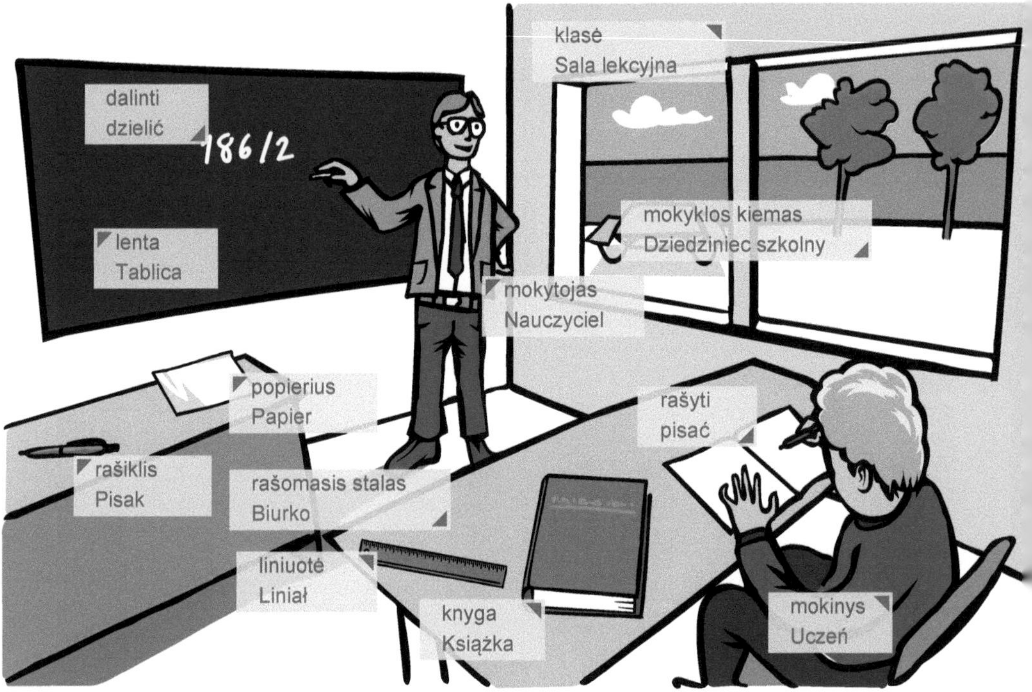

klasė
Sala lekcyjna
dalinti
dzielić
186/2
lenta
Tablica
mokyklos kiemas
Dziedziniec szkolny
mokytojas
Nauczyciel
popierius
Papier
rašyti
pisać
rašiklis
Pisak
rašomasis stalas
Biurko
liniuotė
Liniał
knyga
Książka
mokinys
Uczeń

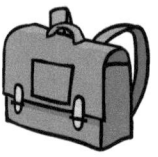

kuprinė

Plecak szkolny

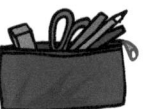

penalas

Piórnik

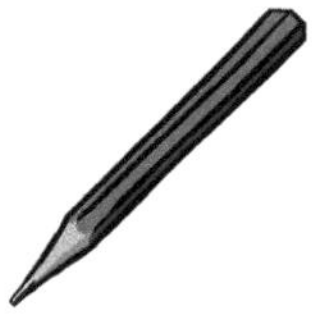

pieštukas

Ołówek

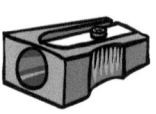

drožtukas

Temperówka

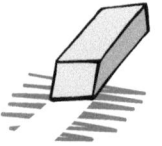

trintukas

Gumka do mazania

piešimo bloknotas

Blok rysunkowy

piešinys

Rysunek

teptukas

Pędzel

dažų dėžutė

Pudełko z akwarelami

žirklės

Nożyce

klijai

Klej

vadovėlis

Książka do ćwiczenia

namų darbai

Zadanie domowe

numeris

Liczba

pridėti

dodawać

atimti

odejmować

dauginti

mnożyć

skaičiuoti

liczyć

raidė

Litera

abėcėlė

Alfabet

žodis

Słowo

tekstas

Tekst

skaityti

czytać

kreida

Kreda

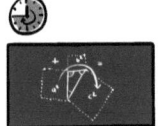

pamoka

Godzina

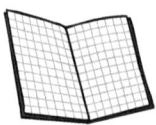

dienynas

Dziennik lekcyjny

egzaminas

Egzamin

pažymėjimas

Świadectwo

mokyklinė uniforma

Mundurek szkolny

išsilavinimas

Wykształcenie

enciklopedija

Leksykon

universitetas

Uniwersytet

mikroskopas

Mikroskop

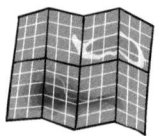

žemėlapis

Mapa

šiukšliadėžė

Kosz na odpadki

kelionė
Podróż

viešbutis
Hotel
Grand
svečių namai
Schronisko
ROOMS
valiutos keitykla
Kantor wymiany walut
EXCHANGE
lagaminas
Walizka
mašina
Auto

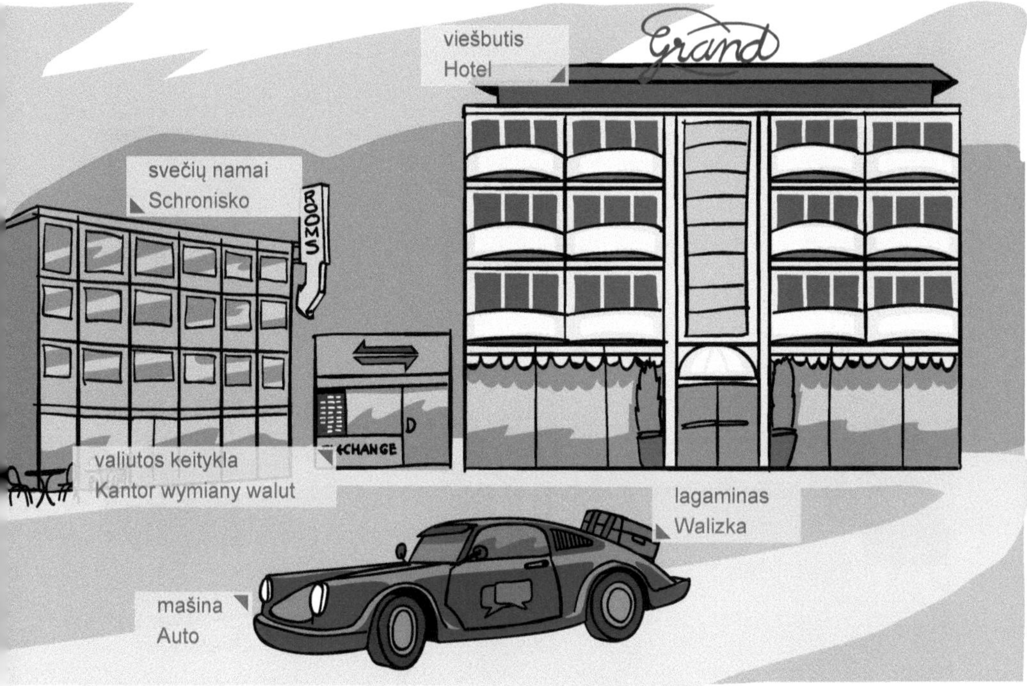

kalba
Język

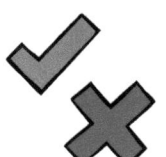

taip / ne
tak / nie

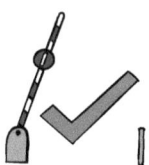

Gerai
OK

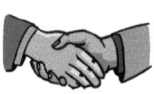

sveiki
Halo

vertėjas raštu
Tłumacz

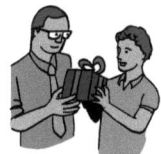

Ačiū
Dziękuję

kiek kainuoja...?

Ile kosztuje ...?

aš nesuprantu

Nie rozumiem

problema

Problem

Labas vakaras!

Dobry wieczór!

Labas rytas!

Dzień dobry!

Labos nakties!

Dobranoc!

viso gero

Do widzenia

kryptis

Kierunek

bagažas

Bagaż

krepšys

Torba

kuprinė

Plecak

svečias

Gość

kambarys

Pokój

miegmaišis

Śpiwór

palapinė

Namiot

turizmo informacija

Informacja turystyczna

paplūdimys

Plaża

kreditinė kortelė

Karta kredytowa

pusryčiai

Śniadanie

pietūs

Obiad

vakarienė

Kolacja

bilietas

Bilet

liftas

Winda

pašto ženklas

Znaczek na list

siena

Granica

muitinė

Cło

ambasada

Ambasada

viza

Wiza

pasas

Paszport

transportas
Transport

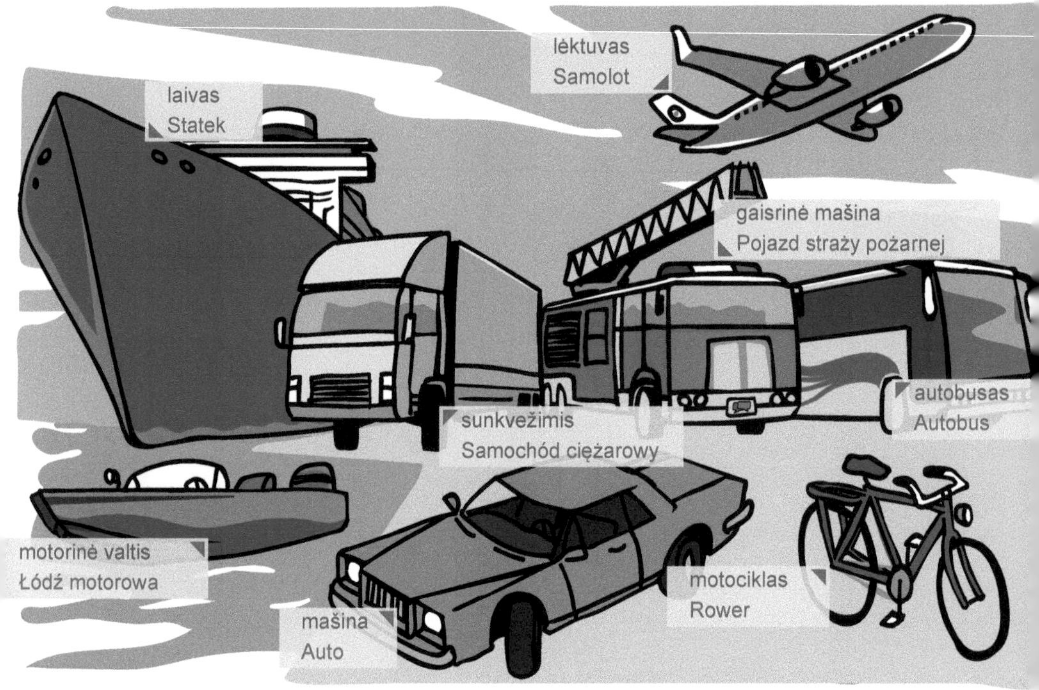

lėktuvas
Samolot

laivas
Statek

gaisrinė mašina
Pojazd straży pożarnej

autobusas
Autobus

sunkvežimis
Samochód ciężarowy

motorinė valtis
Łódź motorowa

mašina
Auto

motociklas
Rower

keltas

Prom

valtis

Łódź

mopedas

Motocykl

policijos automobilis

Radiowóz policyjny

lenktyninis automobilis

Samochód wyścigowy

nuomojamas automobilis

Samochód wypożyczony

bendras automobilio
naudojimas
....
Wspólne przejazdy
samochodem

techninės pagalbos
automobilis
....
Samochód pomocy
drogowej

šiukšliavežė
....
Śmieciarka

variklis
....
Silnik

degalai
....
Benzyna

degalinė
....
Stacja benzynowa

kelio ženklas
....
Znak drogowy

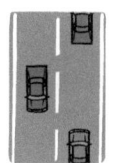

eismas
....
Ruch

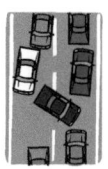

eismo spūstis
....
Korek

mašinų stovėjimo aikštelė
....
Parking

traukinių stotis
....
Dworzec

bėgiai
....
Szyny

traukinys
....
Pociąg

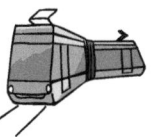

tramvajus
....
Tramwaj

vagonas
....
Wagon

transportas - Transport

sraigtasparnis

Helikopter

oro uostas

Lotnisko

bokštas

Wieża

keleivis

Pasażer

konteineris

Kontener

dėžė

Karton

vežimėlis

Taczka

krepšys

Kosz

pakilti / nusileisti

startować / lądować

miestas
Miasto

kaimas

Wieś

miesto centras

Centrum miasta

namas

Dom

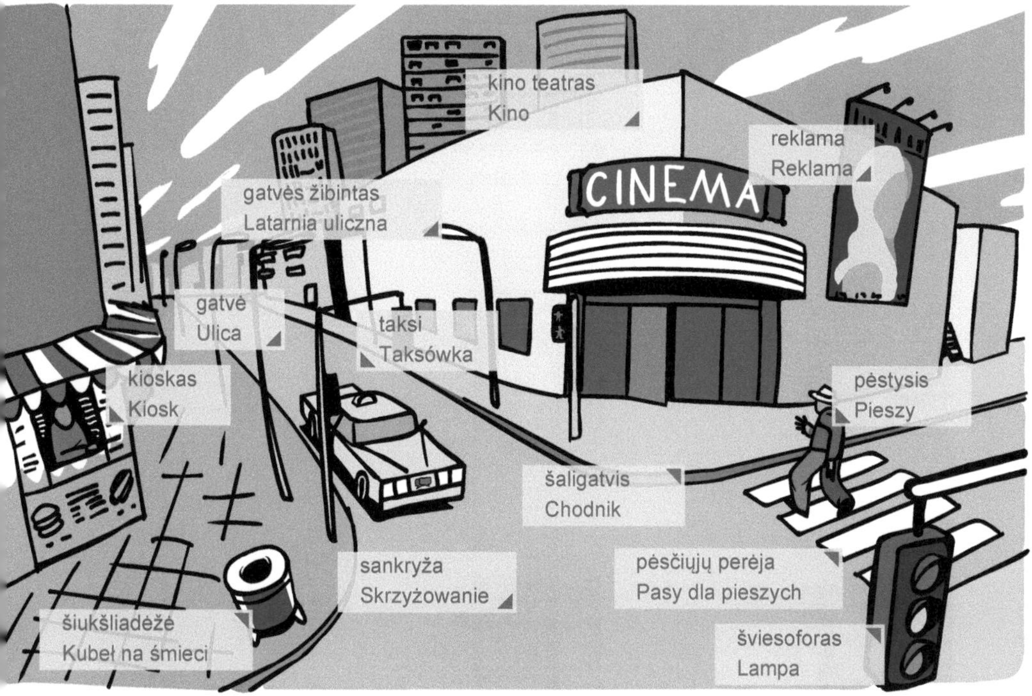

kino teatras
Kino

reklama
Reklama

gatvės žibintas
Latarnia uliczna

CINEMA

gatvė
Ulica

taksi
Taksówka

pėstysis
Pieszy

kioskas
Kiosk

šaligatvis
Chodnik

sankryža
Skrzyżowanie

pėsčiųjų perėja
Pasy dla pieszych

šiukšliadėžė
Kubeł na śmieci

šviesoforas
Lampa

trobelė
....
Chata

butas
....
Mieszkanie

traukinių stotis
....
Dworzec

rotušė
....
Ratusz

muziejus
....
Muzeum

mokykla
....
Szkoła

universitetas

Uniwersytet

bankas

Bank

ligoninė

Szpital

viešbutis

Hotel

vaistinė

Apteka

biuras

Biuro

knygynas

Księgarnia

parduotuvė

Sklep

gėlių parduotuvė

Kwiaciarnia

prekybos centras

Supermarket

turgus

Rynek

universalinė parduotuvė

Dom towarowy

žuvies parduotuvė

Sklep z rybami

prekybos centras

Centrum handlowe

uostas

Port

miestas - Miasto

parkas

Park

suoliukas

Ławka

tiltas

Most

laiptai

Schody

metro

Metro

tunelis

Tunel

autobusų stotelė

Przystanek autobusowy

baras

Bar

restoranas

Restauracja

lauko pašto dėžutė

Skrzynka na listy

kelio ženklas

Tabliczka z nazwą ulicy

parkomatas

Parkometr

zoologijos sodas

Zoo

baseinas

Łaźnia

mečetė

Meczet

ūkininko ūkis

Gospodarstwo chłopskie

tarša

Zanieczyszczenie
środowiska

kapinės

Cmentarz

bažnyčia

Kościół

žaidimų aikštelė

Plac zabaw

šventykla

Świątynia

kraštovaizdis

Krajobraz

lapas
Liść

kelio rodyklė
Drogowskaz

kelias
Droga

pieva
Łąka

akmuo
Kamień

medis
Drzewo

ėjikas
Wędrowiec

upė
Rzeka

žolė
Trawa

gėlė
Kwiat

slėnis

Dolina

kalva

Góra

ežeras

Jezioro

miškas

Las

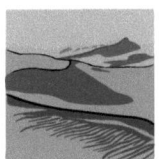

dykuma

Pustynia

ugnikalnis

Wulkan

pilis

Zamek

vaivorykštė

Tęcza

grybas

Grzyb

palmė

Palma

uodas

Komar

musė

Mucha

skruzdėlė

Mrówka

bitė

Pszczoła

voras

Pająk

vabalas

Chrząszcz

varlė

Żaba

voverė

Wiewiórka

ežys

Jeż

kiškis

Zając

peléda

Sowa

paukštis

Ptak

gulbė

Łabędź

šernas

Dzik

elnias

Jeleń

briedis

Łoś

užtvanka

Tama

vėjo jėgainė

Wiatrak

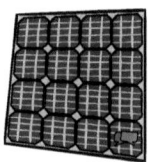

saulės baterija

Moduł solarny

klimatas

Klimat

padavėjas
Kelner

meniu
Menu

kėdė
Krzesło

sriuba
Zupa

pica
Pizza

stalo įrankiai
Sztućce

staltiesė
Obrus

užkandis

Przystawka

pagrindinis patiekalas

Danie główne

desertas

Deser

gėrimai

Napoje

maistas

Jedzenie

butelis

Butelka

greitai pateikiamas maistas

Fastfood

gatvės maistas

Streetfood

arbatinukas

Dzbanek na herbatę

cukrinė

Cukierniczka

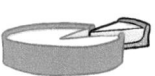

porcija

Porcja

espreso aparatas

Zaparzarka do espresso

aukšta kėdė

Krzesło dla dziecka

sąskaita

Rachunek

padėklas

Taca

peilis

Nóż

šakutė

Widelec

šaukštas

Łyżka

arbatinis šaukštelis

Łyżeczka

servetėlė

Serwetka

stiklinė

Szklanka

lėkštė
Talerz

sriubos lėkštė
Talerz do zupy

padėklas
Podstawek pod filiżankę

padažas
Sos

druskinė
Solniczka

pipirų malūnėlis
Młynek do pieprzu

actas
Ocet

aliejus
Olej

prieskoniai
Przyprawy

kečupas
Keczup

garstyčios
Musztarda

majonezas
Majonez

prekybos centras
Supermarket

specialus pasiūlymas
Oferta
FOR
pirkėjas
Klient
pieno produktai
Produkty mleczne
vaisiai
Owoce
troleibusas
Wózek sklepowy

BUTCHERS

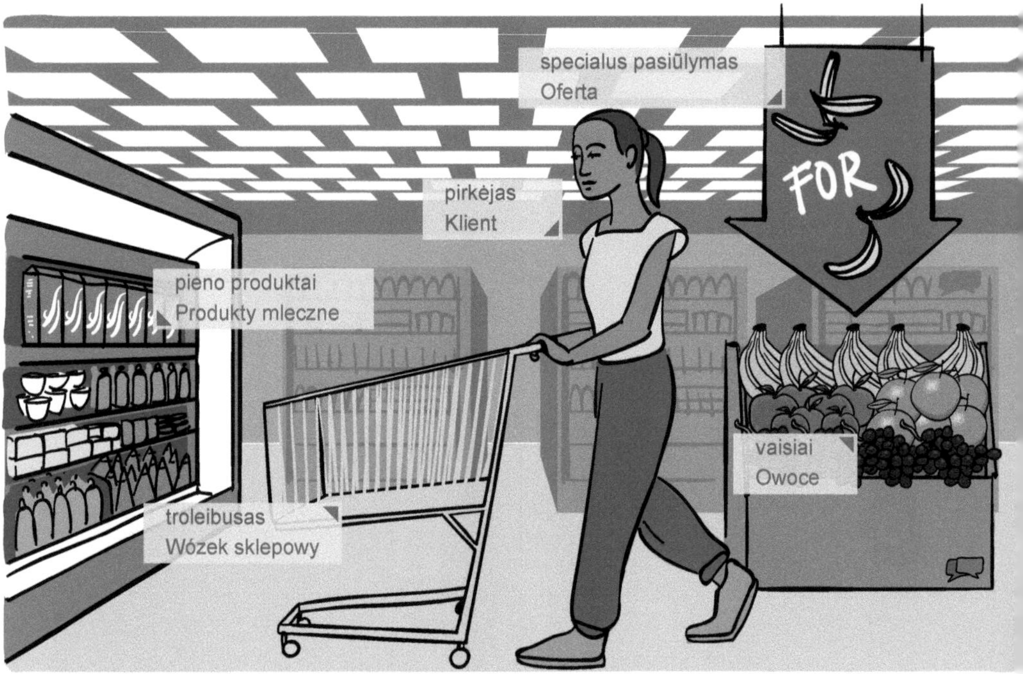

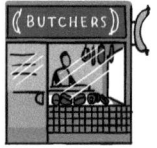

mėsos parduotuvė

Rzeźnia

BAKERY

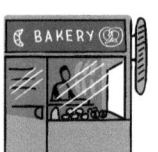

kepykla

Piekarnia

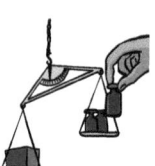

sverti

ważyć

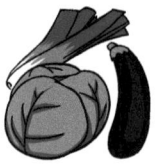

daržovės

Warzywa

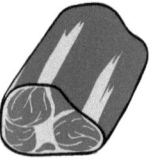

mėsa

Mięso

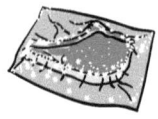

šaldytas maistas

Mrożonki

šalti mėsos užkandžiai

Wędliny

konservai

Konserwy

skalbimo milteliai

Proszek m do prania

saldumynai

Słodycze

ūkinės prekės

Artykuły użytku domowego

valymo priemonės

Środek czyszczący

pardavėja

Sprzedawczyni

kasos aparatas

Kasa

kasininkas

Kasjer

pirkinių sąrašas

Lista zakupów

darbo valandos

Godziny otwarcia

piniginė

Portfel

kreditinė kortelė

Karta kredytowa

maišelis

Torba

plastikinis maišelis

Torebka plastikowa

vanduo

Woda

sultys

Sok

pienas

Mleko

kola

Cola

vynas

Wino

alus

Piwo

alkoholis

Alkohol

kakava

Kakao

arbata

Herbata

kava

Kawa

espresas

Espresso

kapučinas

Cappuccino

bananas

Banan

obuolys

Jabłko

apelsinas

Pomarańcza

arbūzas

Arbuz

citrina

Cytryna

morka

Marchew

česnakas

Czosnek

bambukas

Bambus

svogūnas

Cebula

grybas

Grzyb

riešutai

Orzechy

makaronai

Makaron

spagečiai

Spaghetti

ryžiai

Ryż

salotos

Sałatka

traškučiai

Frytki

keptos bulvės

Ziemniaki pieczone

pica

Pizza

mėsainis

Hamburger

sumuštinis

Kanapka

pjausnys

Sznycel

kumpis

Szynka

saliamis

Salami

dešrelė

Kiełbasa

vištiena

Kura

kepsnys

Pieczeń

žuvis

Ryba

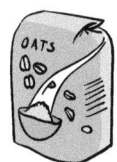

avižų dribsniai

Płatki owsiane

dribsniai su priedais

Musli

kukurūzų dribsniai

Płatki kukurydziane

miltai

Mąka

prancūziškasis ragelis

Croissant

bandelė

Bułka

duona

Chleb

skrebutis

Toast

sausainiai

Ciastka

sviestas

Masło

varškė

Twarożek

tortas

Ciasto

kiaušinis

Jajko

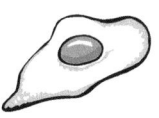

kiaušinienė

Jajko sadzone

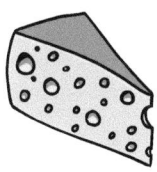

sūris

Ser

ledai
Lody

cukrus
Cukier

medus
Miód

uogienė
Marmolada

tepamas šokoladas
Krem nugatowy

karis
Curry

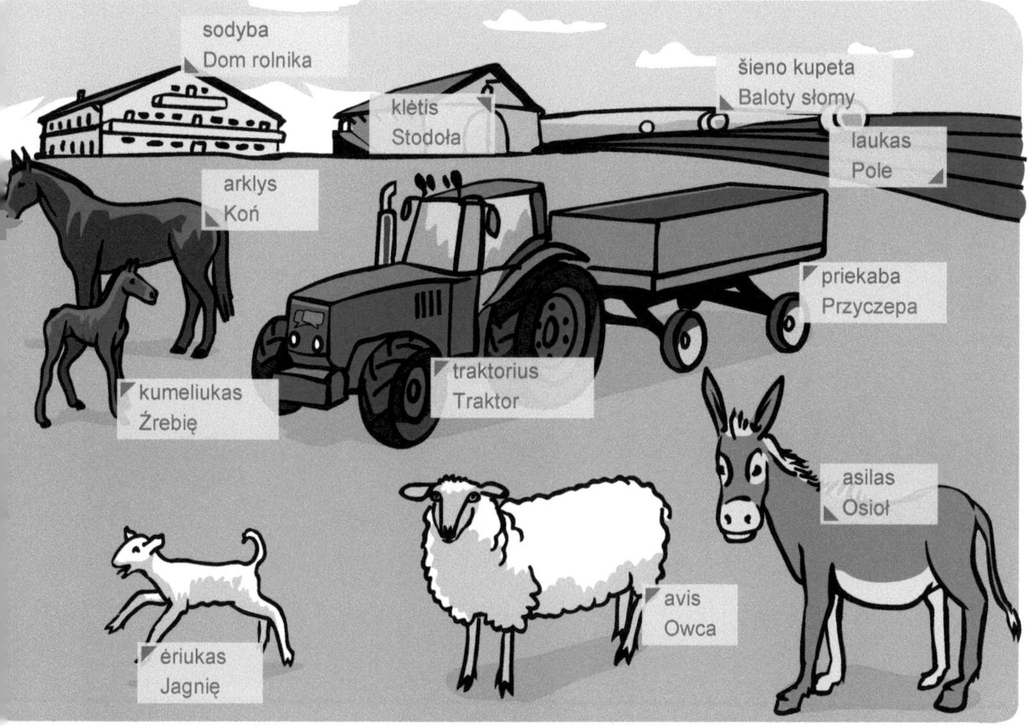

sodyba
Dom rolnika

šieno kupeta
Baloty słomy

klėtis
Stodoła

laukas
Pole

arklys
Koń

priekaba
Przyczepa

kumeliukas
Żrebię

traktorius
Traktor

asilas
Osioł

avis
Owca

ėriukas
Jagnię

ožys

Koza

karvė

Krowa

veršis

Cielę

kiaulė

Świnia

paršelis

Prosię

bulius

Byk

žąsis

Gęś

antis

Kaczka

viščiukas

Kurczątko

višta

Kura

gaidys

Kogut

žiurkė

Szczur

katė

Kot

pelė

Mysz

jautis

Osioł

šuo

Pies

šuns būda

Buda dla psa

sodo namas

Wąż ogrodowy

laistytuvas

Konewka

dalgis

Kosa

plūgas

Pług

pjautuvas

Sierp

kauptukas

Graca

šakės

Widły

kirvis

Siekiera

statinė

Taczka

lovys

Koryto

bidonas

Kanka na mleko

maišas

Worek

tvora

Płot

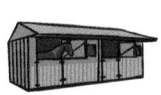

arklidė

Stajnia

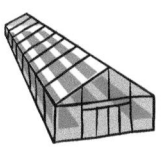

šiltnamis

Szklarnia

dirva

Ziemia

sėkla

Nasiona

trąšos

Nawóz

kombainas

Kombajn zbożowy

rinkti

zbierać

derlius

Żniwa

saldžiosios bulvės

Podchrzyn

kviečiai

Pszenica

soja

Soja

bulvė

Ziemniak

kukurūzai

Kukurydza

rapsai

Rzepak

vaismedis

Drzewo owocowe

manijokas

Maniok

grūdai

Zboże

namas
Dom

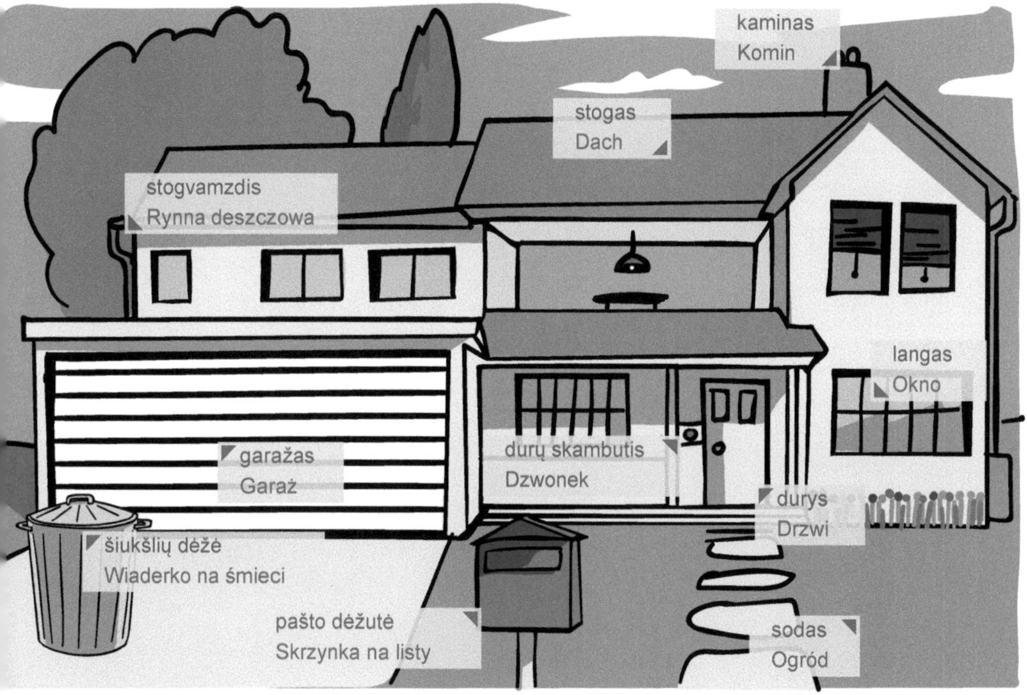
kaminas
Komin
stogas
Dach
stogvamzdis
Rynna deszczowa
langas
Okno
garažas
Garaż
durų skambutis
Dzwonek
durys
Drzwi
šiukšlių dėžė
Wiaderko na śmieci
pašto dėžutė
Skrzynka na listy
sodas
Ogród

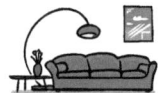

svetainė

Pokój dzienny

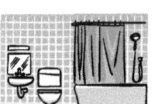

vonios kambarys

Łazienka

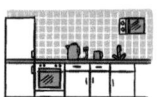

virtuvė

Kuchnia

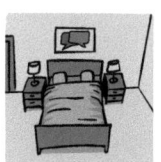

miegamasis

Sypialnia

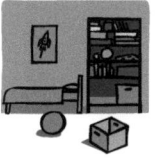

vaiko kambarys

Pokój dziecięcy

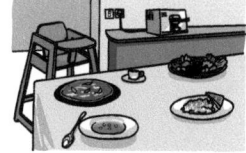

valgomasis

Jadalnia

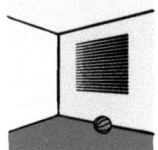

grindys

Ziemia

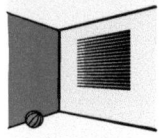

siena

Ściana

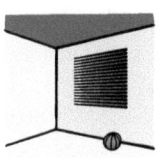

lubos

Koc

rūsys

Piwnica

sauna

Sauna

balkonas

Balkon

terasa

Taras

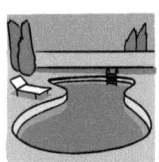

baseinas

Basen

žoliapjovė

Kosiarka do trawy

paklodė

Poszwa

lovatiesė

Kołdra

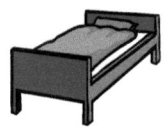

lova

Łóżko

šluota

Miotła

kibiras

Wiadro

jungiklis

Włącznik

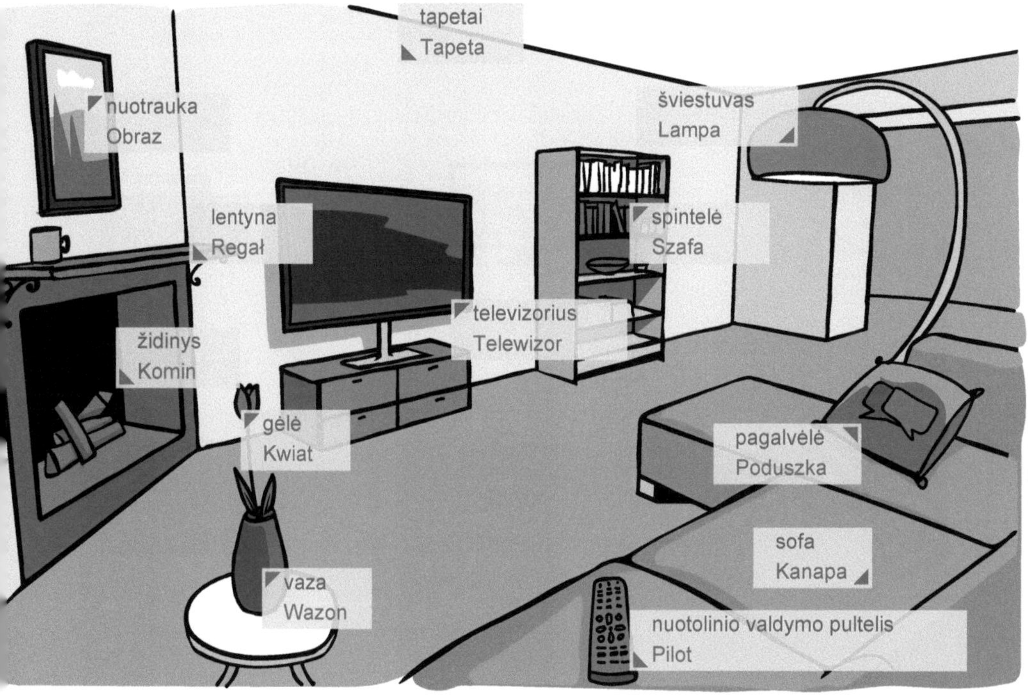

tapetai
Tapeta

nuotrauka
Obraz

šviestuvas
Lampa

lentyna
Regał

spintelė
Szafa

židinys
Komin

televizorius
Telewizor

gėlė
Kwiat

pagalvėlė
Poduszka

sofa
Kanapa

vaza
Wazon

nuotolinio valdymo pultelis
Pilot

kilimas
Dywan

užuolaida
Zasłona

stalas
Stół

kėdė
Krzesło

supamasis krėslas
Bujak

fotelis
Fotel

knyga

Książka

antklodė

Sufit

papuošimai

Dekoracja

malkos

Drewno kominkowe

filmas

Film

stereo aparatūra

Instalacja stereo

raktas

Klucz

laikraštis

Gazeta

paveikslas

Malunek

plakatas

Plakat

radijas

Radio

užrašų knygelė

Notatnik

dulkių siurblys

Odkurzacz

kaktusas

Kaktus

žvakė

Świeczka

virtuvė
Kuchnia

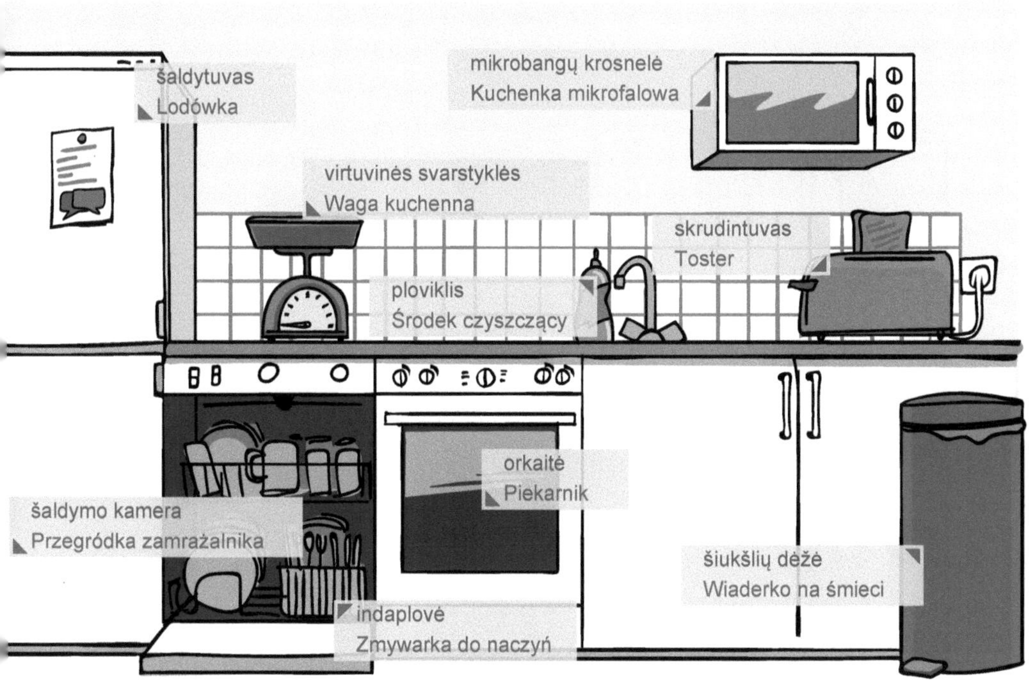

šaldytuvas
Lodówka
mikrobangų krosnelė
Kuchenka mikrofalowa
virtuvinės svarstyklės
Waga kuchenna
skrudintuvas
Toster
ploviklis
Środek czyszczący
orkaitė
Piekarnik
šaldymo kamera
Przegródka zamrażalnika
šiukšlių dėžė
Wiaderko na śmieci
indaplovė
Zmywarka do naczyń

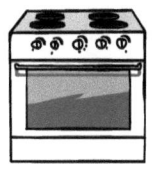

viryklė
Kuchenka

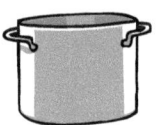

puodas
Garnek

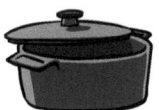

ketaus puodas
Kocioł żeliwny

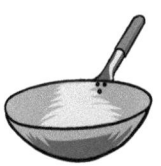

„wok“ keptuvė
Wok / Kadai

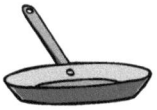

keptuvė
Patelnia

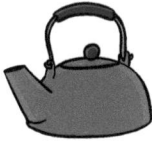

virdulys
Czajnik

garų puodas

Parowar

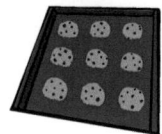

kepimo skarda

Blacha do pieczenia

porceliano indai

Naczynia kuchenne

puodelis

Kubek

dubuo

Miska

valgomosios lazdelės

Pałeczki

samtis

Nabierka

mentelė

Łopatka do smażenia

plaktuvas

Trzepaczka do śmietany

koštuvas

Cedzak

sietas

Sitko

trintuvė

Tarka

grūstuvė

Moździerz

kepsninė

Grillowanie

atvira liepsna

Palenisko

pjaustymo lentelė

Deska

kočėlas

Wałek do ciasta

kamščiatraukis

Korkociąg

skardinė

Puszka

skardinių atidarytuvas

Otwieracz do puszek

puodkėlė

Ściereczka do trzymania garnka

kriauklė

Umywalka

šepetys

Szczotka

kempinė

Gąbka

trintuvas

Mikser

šaldiklis

Zamrażarka

kūdikių buteliukas

Butelka dla niemowlęcia

čiaupas

Kran

vonios kambarys

Łazienka

šildymas
Ogrzewanie
rankšluostis
Ręcznik
dušas
Prysznic
dušo užuolaidos
Kotara prysznicowa
vonios putos
Płyn do kąpieli
vonia
Wanna kąpielowa
stiklinė
Szklanka
skalbimo mašina
Pralka
čiaupas
Kran
plytelės
Kafelki
naktinis puodukas
Nocnik
kriauklė
Umywalka

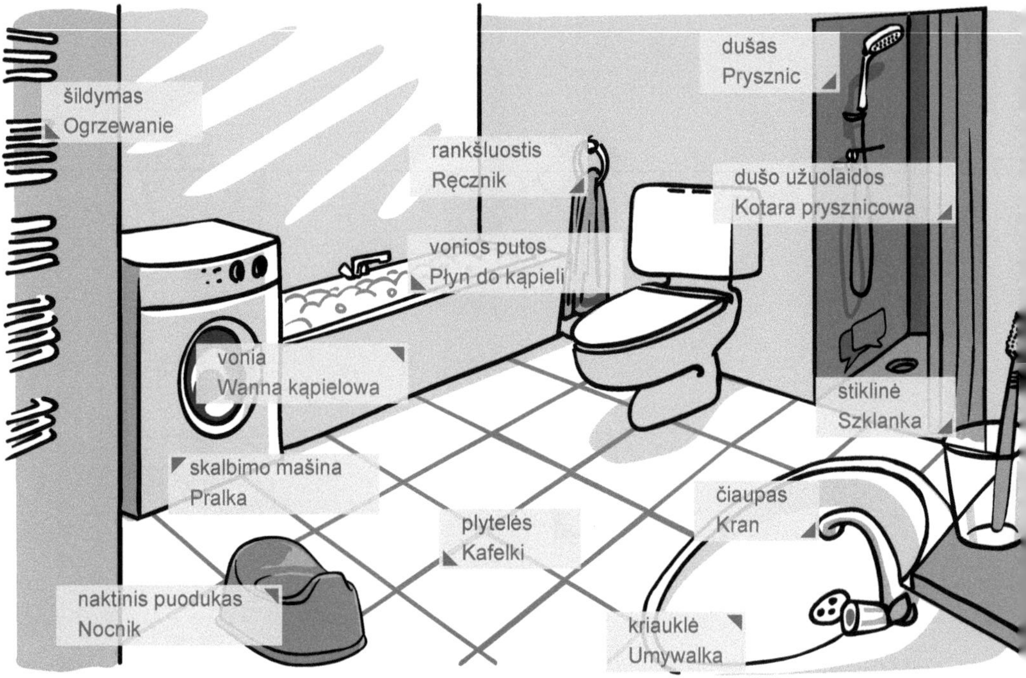

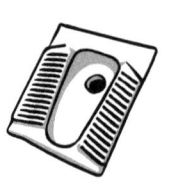

unitazas

Toaleta

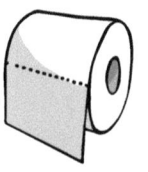

tupimasis unitazas

Toaleta kuczna

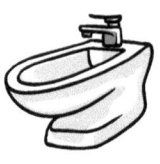

bidė

Bidet

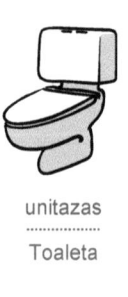

pisuaras

Pisuar

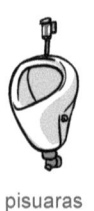

tualetinis popierius

Papier toaletowy

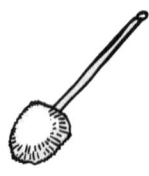

unitazo šepetys

Szczotka toaletowa

dantų šepetėlis

Szczoteczka do zębów

dantų pasta

Pasta do zębów

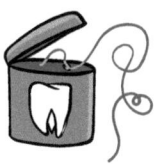

dantų siūlas

Nitki do czyszczenia zębów

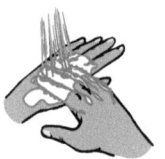

plauti

myć

dušo galvutė

Głowica prysznicowa

higieninis dušas

Płyn kąpielowy do higieny intymnej

praustuvas

Miska do mycia

nugaros plaušinė

Szczotka kąpielowa

muilas

Mydło

dušo želė

Żel prysznicowy

šampūnas

Szampon

plaušinė

Rękawica kąpielowa

kanalizacija

Odpływ

kremas

Krem

dezodorantas

Dezodorant

veidrodis

Lustro

veidrodėlis

Lustro kosmetyczne

skustuvas

Golarka

skutimosi putos

Pianka do golenia

losjonas po skutimosi

Woda po goleniu

šukos

Grzebień

šepetys

Szczotka

plaukų džiovintuvas

Suszarka do włosów

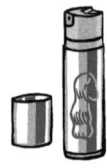

plaukų lakas

Spray do włosów

makiažas

Makijaż

lūpdažis

Pomadka

nagų lakas

Lakier do paznokci

vata

Wata

žirklutės nagams

Nożyczki do paznokci

kvepalai

Perfum

maišelis skalbiniams

Kosmetyczka

taburetė

Taboret

svarstyklės

Waga

chalatas

Szlafrok kąpielowy

guminės pirštinės

Rękawice gumowe

tamponas

Tampon

higieninis įklotas

Podpaska damska

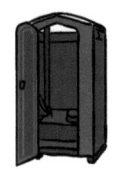

biotualetas

Toaleta chemiczna

vaiko kambarys
Pokój dziecięcy

žadintuvas
Budzik
pliušinis žaislas
Pluszowa przytulanka
žaislinė mašinėlė
Samochodzik
barškutis
Grzechotka
lėlės namelis
Domek dla lalek
dovana
Prezent

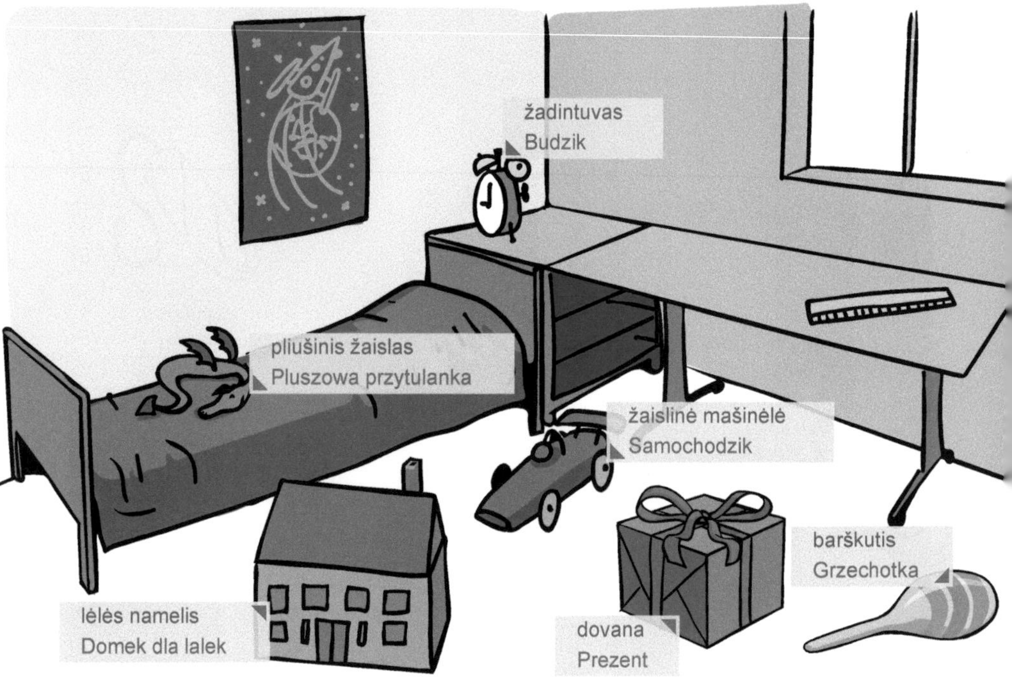

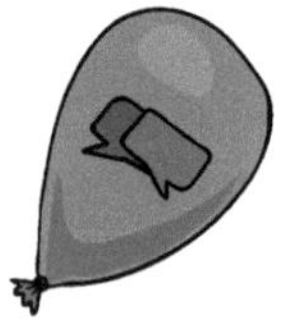

balionas

Balon

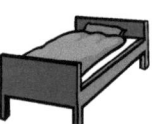

lova

Łóżko

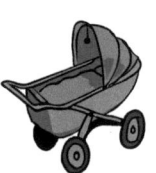

vaikiškas vežimėlis

Wózek dziecięcy

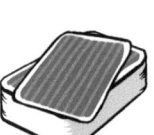

kortų malka

Gra w karty

delionė

Puzzle

SUPER
MEGA

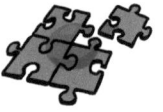

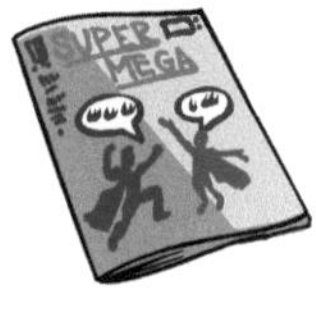

komiksai

Komiks

lego kaladėlės

Klocki lego

žaislinės kaladėlės

Klocki

figūrėlė

Action figura

šliaužtinukai

Śpioszek dziecięcy

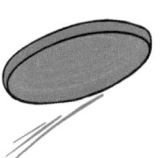

mėtymo lėkštė

Frisbee

karuselė

Zabawki ruchome

stalo žaidimas

Gra planszowa

kauliukai

Kości

žaislinis traukinys

Kolejka elektryczna

žindukas

Smoczek

vakarėlis

Przyjęcie

paveiksliukų knygelė

Książka z ilustracjami

kamuolys

Piłka

lėlė

Lalka

žaisti

bawić się

smėlio dėžė

Piaskownica

sūpynės

Huśtawka

žaislai

Zabawki

žaidimų konsolė

Konsola do gier

triratukas

Rowerek trójkołowy

meškiukas

Pluszowy miś

drabužių spinta

Szafa ubraniowa

drabužis

Ubiór

kojinės

Skarpety

kojinės virš kelių

Pończochy

pėdkelnės

Rajstopy

šalikas
Szal

skėtis
Parasol

dìržas
Pasek

marškinėliai
T-Shirt

ilgaauliai batai
Kozaki

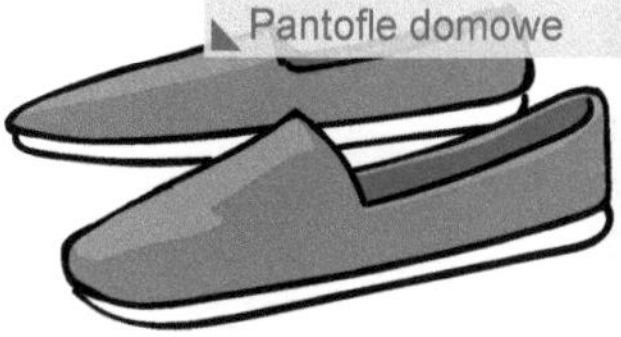

šlepetės
Pantofle domowe

sportbačiai
Obuwie sportowe

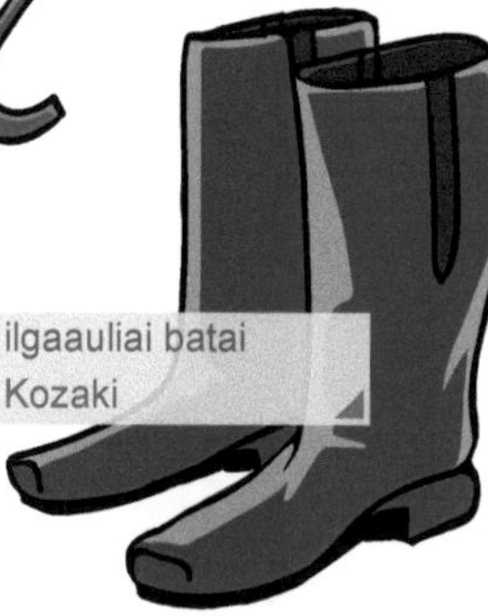

sandalai
Sandały

batai
Buty

guminiai batai
Kalosze

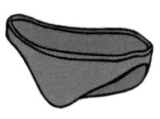

trumpikės
Majtki

liemenėlė
Biustonosz

liemenė
Podkoszulek

glaustinukė

Body

kelnės

Spodnie

džinsai

Dżins

sijonas

Spódnica

palaidinė

Bluzka

marškiniai

Koszula

megztinis

Pulower

megztinis su gobtuvu

Bluza sportowa

švarkelis

Marynarka

švarkas

Kurtka

paltas

Płaszcz

lietpaltis

Płaszcz przeciwdeszczowy

kostiumas

Kostium

suknelė

Sukienka

vestuvinė suknelė

Suknia ślubna

kostiumas

Garnitur męski

naktiniai marškiniai

Koszula nocna

piżama

Piżama

saris

Sari

skarelė

Chusta na głowę

tiurbanas

Turban

burka

Burka

kaftanas

Kaftan

abaja

Abaya

maudymosi kostiumėlis

Strój kąpielowy

glaudės

Kąpielówki

šortai

Krótkie spodnie

sportinis kostiumas

Dres sportowy

prijuostė

Fartuch

pirštinės

Rękawiczki

saga

Guzik

akiniai

Okulary

apyrankė

Bransoletka

vėrinys

Łańcuszek

žiedas

Pierścionek

auskaras

Kolczyk

kepurė

Czapka

pakabas

Wieszak

skrybėlė

Kapelusz

kaklaraištis

Krawat

užtrauktukas

Zamek błyskawiczny

šalmas

Kask

breketai

Szelki

mokyklinė uniforma

Mundurek szkolny

uniforma

Mundur

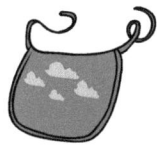

seilinukas

Śliniaczek

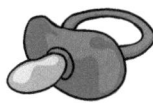

žindukas

Smoczek

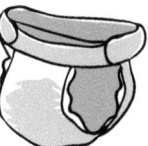

vystyklai

Pieluszka

biuras
Biuro

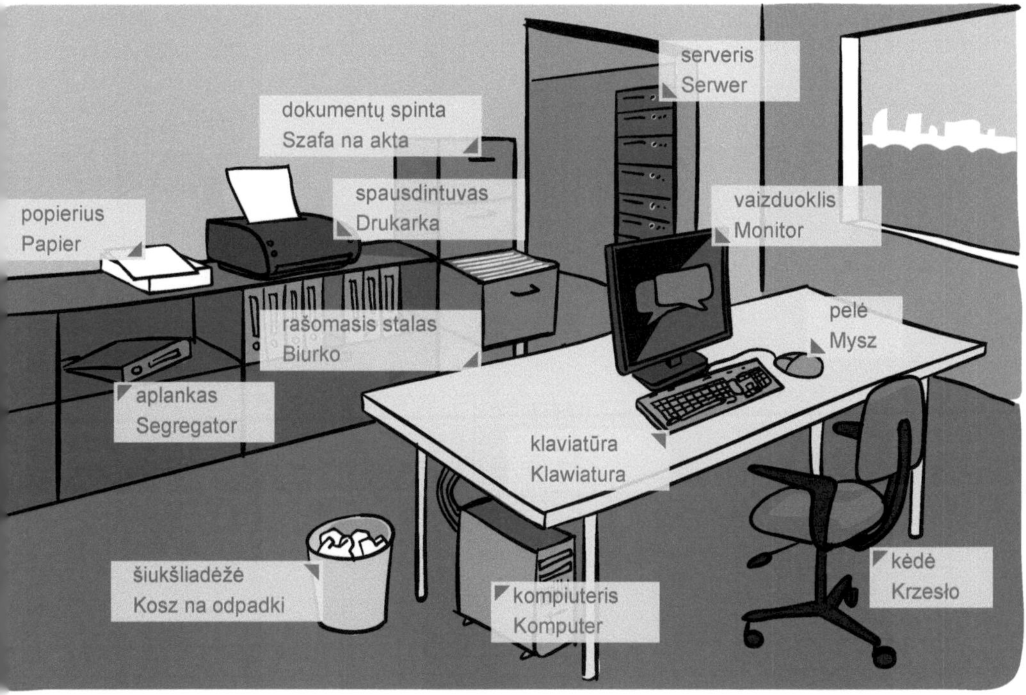
serveris
Serwer
dokumentų spinta
Szafa na akta
spausdintuvas
Drukarka
popierius
Papier
vaizduoklis
Monitor
rašomasis stalas
Biurko
pelė
Mysz
aplankas
Segregator
klaviatūra
Klawiatura
šiukšliadėžė
Kosz na odpadki
kėdė
Krzesło
kompiuteris
Komputer

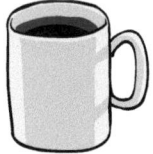

kavos puodelis

Filiżanka do kawy

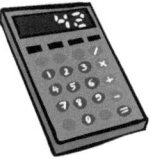

kalkuliatorius

Kalkulator

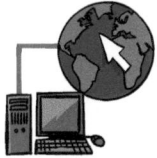

internetas

Internet

nešiojamasis kompiuteris

Laptop

laiškas

List

žinutė

Wiadomość

mobilusis telefonas

Komórka

tinklas

Sieć

fotokopijavimo aparatas

Kopiarka

programinė įranga

Oprogramowanie

telefonas

Telefon

kištukinis lizdas

Gniazdko

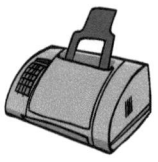

faksas

Faks

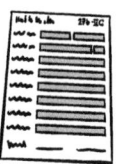

forma

Formularz

dokumentas

Dokument

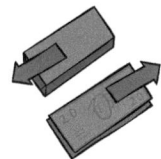

pirkti
kupić

mokėti
płacić

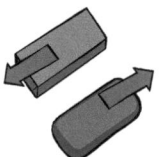

prekiauti
postępować

pinigai
Pieniądze

 **USD**

doleris
Dolar

 **EUR**

euras
Euro

 **JPY**

jena
Jen

 **RUB**

rublis
Rubel

 **CHF**

Šveicarijos frankas
Frank

 **CNY**

juanis
Juan Renminbi

 **INR**

rupija
Rupia

bankomatas
Bankomat

valiutos keitykla

Kantor wymiany walut

auksas

Złoto

sidabras

Srebro

nafta

Olej

energija

Energia

kaina

Cena

sutartis

Umowa

mokestis

Podatek

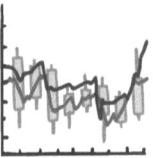

akcijos

Akcja

dirbti

pracować

darbuotojas

Pracownik umysłowy

darbdavys

Pracodawca

gamykla

Fabryka

parduotuvė

Sklep

policininkas
Policjant

ugniagesys
Strażak

lakūnas
Pilot

virėjas
Kucharz

gydytojas
Lekarz

sodininkas
Ogrodnik

stalius
Stolarz

siuvėja
Krawcowa

teisėjas
Sędzia

chemikas
Chemik

aktorius
Aktor

autobuso vairuotojas

Kierowca autobusu

taksi vairuotojas

Taksówkarz

žvejys

Fischer

valytoja

Sprzątaczka

stogdengys

Dekarz

padavėjas

Kelner

medžiotojas

Myśliwy

dailininkas

Malarz

kepėjas

Piekarz

elektrikas

Elektryk

statybininkas

Robotnik budowlany

inžinierius

Inżynier

mėsininkas

Rzeźnik

santechnikas

Instalator

paštininkas

Listonosz

kareivis

Żołnierz

architektas

Architekt

kasininkas

Kasjer

gėlininkas

Florysta

kirpėjas

Fryzjer

konduktorius

Konduktor

mechanikas

Mechanik

kapitonas

Kapitan

odontologas

Dentysta

mokslininkas

Naukowiec

rabinas

Rabin

imamas

Imam

vienuolis

Mnich

kunigas

Proboszcz

įrankiai
Narzędzia

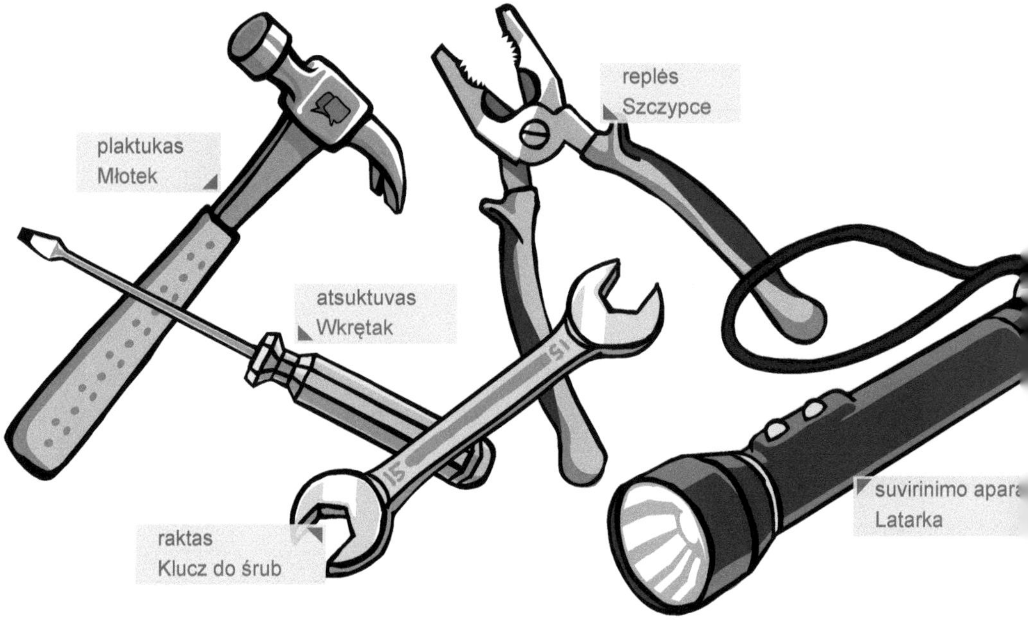

plaktukas
Młotek
replės
Szczypce
atsuktuvas
Wkrętak
raktas
Klucz do śrub
suvirinimo apar
Latarka

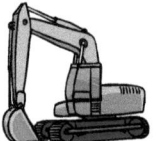

ekskavatorius

Koparka

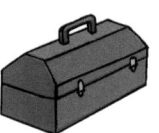

įrankių dėžė

Skrzynka narzędziowa

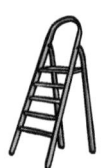

kopėčios

Drabina

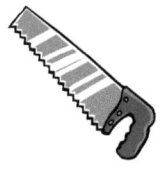

pjūklas

Piła

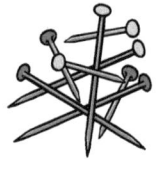

vinys

Gwoździe

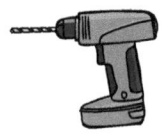

grąžtas

Wiertło

taisyti
naprawić

kastuvas
Łopatka

Velniava!
Cholera!

semtuvėlis
Szufelka

dažų skardinė
Puszka z farbą

varžtai
Śruby

muzikos instrumentai
Instrumenty muzyczne

garsiakalbis
Głośnik

būgnų rinkinys
Perkusja

gitara
Gitara

kontrabosas
Kontrabas

trimitas
Trąbka

pianinas

Pianino

smuikas

Skrzypce

bosinė gitara

Bas

timpanas

Kotły

būgnai

Bęben

sintezatorius

Keyboard

saksofonas

Saksofon

fleita

Flet

mikrofonas

Mikrofon

tigras
Tygrys

įėjimas
Wejście

narvas
Klatka

zebras
Zebra

gyvūnų pašaras
Pasza

panda
Panda

gyvūnai

Zwierzęta

dramblys

Słoń

kengūra

Kangur

raganosis

Nosorożec

gorila

Goryl

meška

Niedźwiedź

kupranugaris

Wielbłąd

strutis

Struś

liūtas

Lew

beždžionė

Małpa

flamingas

Fleming

papūga

Papuga

baltoji meška

Niedźwiedź polarny

pingvinas

Pingwin

ryklys

Rekin

povas

Paw

gyvatė

Wąż

krokodilas

Krokodyl

zoologijos sodo prižiūrėtojas

Dozorca w zoo

ruonis

Foka

jaguaras

Jaguar

ponis

Kucyk

leopardas

Gepard

begemotas

Hipopotam

žirafa

Żyrafa

erelis

Orzeł

šernas

Dzik

žuvis

Ryba

vėžlys

Żółw

vėplys

Mors

lapė

Lis

gazelė

Gazela

amerikietiškas futbolas
Futbol amerykański

dviračių sportas
Kolarstwo

tenisas
Tenis

krepšinis
Koszykówka

plaukimas
Pływanie

boksas
Boks

ledo ritulys
Hokej na lodzie

futbolas
Piłka nożna

badmintonas
Badminton

atletika
Lekka atletyka

rankinis
Piłka ręczna

slidinėjimas
Narciarstwo

polas
Polo

užsiėmimai
Działania

šokinėti
skakać
apkabinti
objąć
juoktis
śmiać się
vaikščioti
iść
dainuoti
śpiewać
svajoti
marzyć
melstis
modlić się
bučiuoti
całować

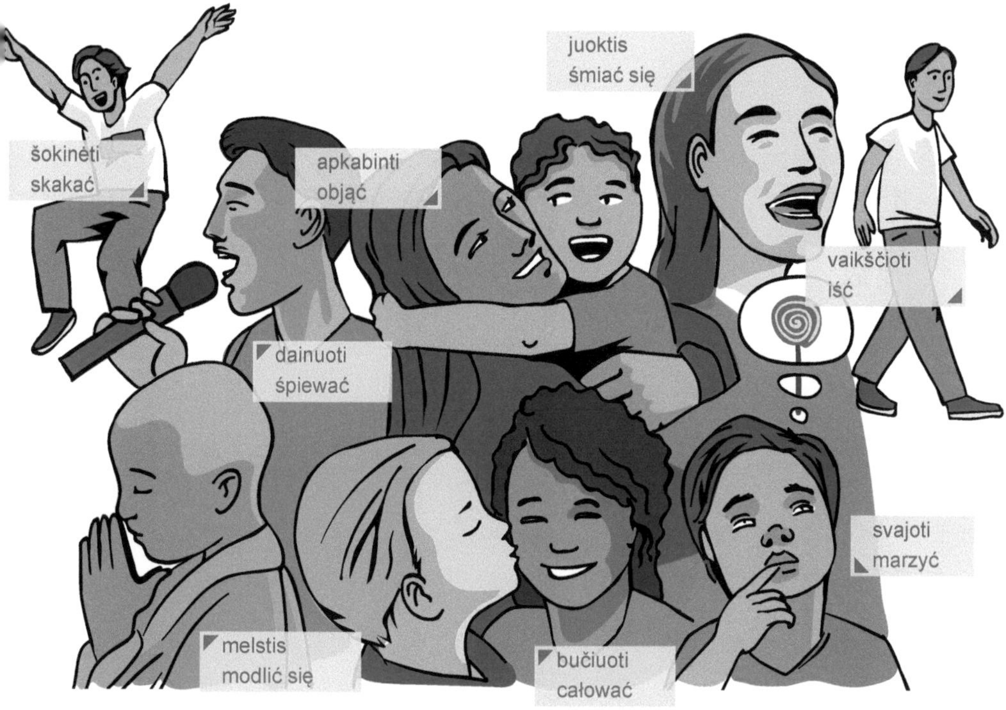

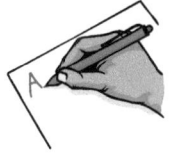

rašyti
pisać

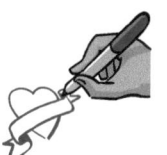

piešti
rysować

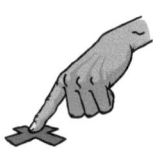

rodyti
pokazywać

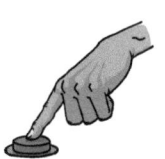

stumti
nacisnąć

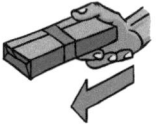

duoti
dać

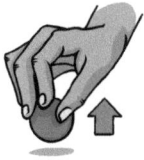

imti
wziąć

turėti
mieć

daryti
robić

būti
być

stovėti
stać

bėgti
biegać

traukti
ciągnąć

mesti
rzucać

kristi
spaść

meluoti
leżeć

laukti
czekać

nešti
nosić

sėdėti
siedzieć

rengtis
zakładać

miegoti
spać

pabusti
budzić się

žiūrėti

spojrzeć

verkti

płakać

glostyti

głaskać

šukuoti

czesać się

kalbėti

mówić

suprasti

rozumieć

paklausti

pytać

klausytis

słyszeć

gerti

pić

valgyti

jeść

tvarkytis

sprzątać

mylėti

kochać

gaminti

gotować

vairuoti

jechać

skristi

latać

buriuoti

żeglować

skaičiuoti

liczyć

skaityti

czytać

mokytis

uczyć się

dirbti

pracować

vesti

wejść w związek małżeński

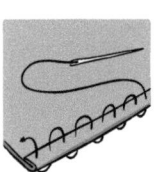

siūti

szyć

valytis dantis

myć zęby

žudyti

zabić

rūkyti

palić tytoń

siųsti

wysłać

šeima
Rodzina

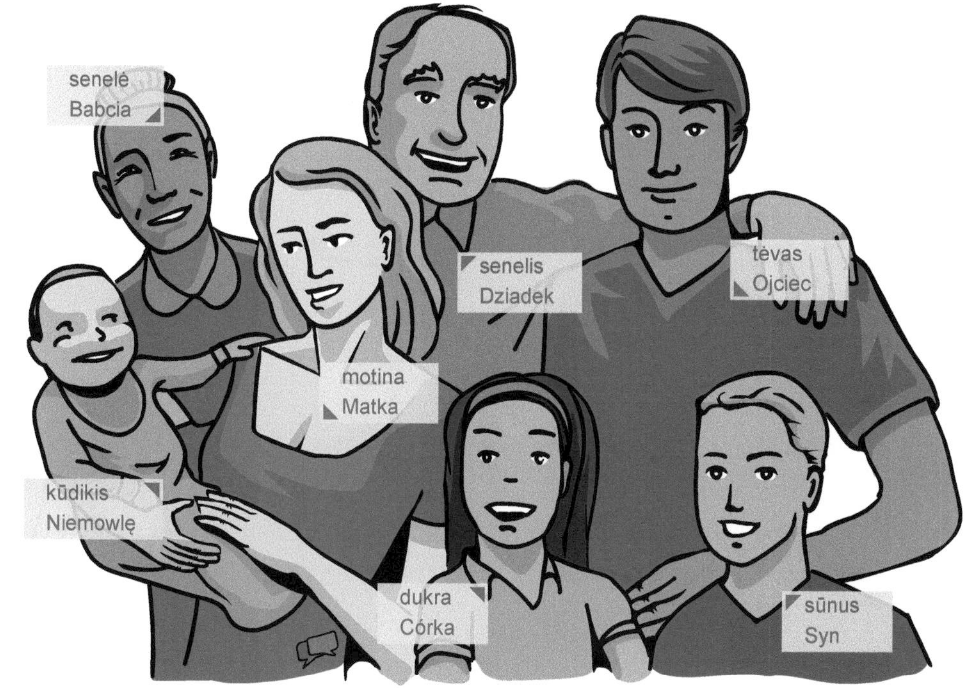
senelė
Babcia
senelis
Dziadek
tėvas
Ojciec
motina
Matka
kūdikis
Niemowlę
dukra
Córka
sūnus
Syn

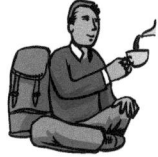

svečias

Gość

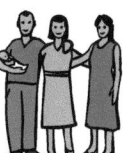

teta

Ciotka

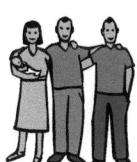

dėdė

Wujek

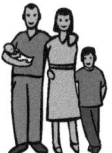

brolis

Brat

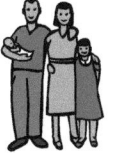

sesuo

Siostra

kūnas

Ciało

kakta
Czoło
akis
Oko
petys
Ramię
pirštas
Palec
veidas
Twarz
smakras
Broda
plaštaka
Ręka
koja
Noga
krūtinė
Pierś
ranka
Ramię

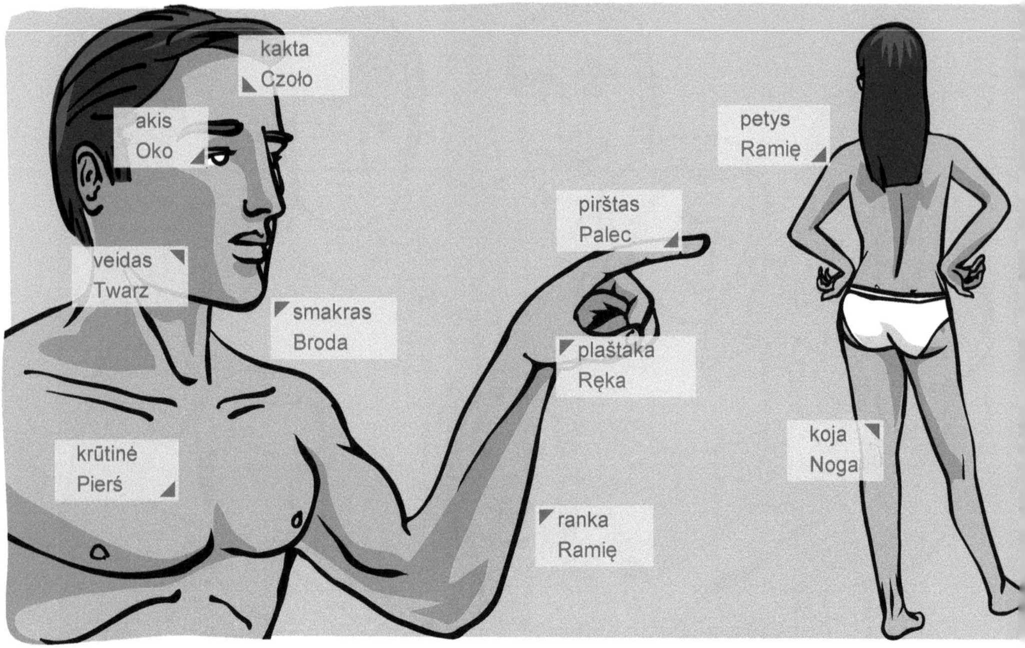

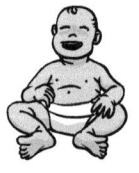

kūdikis

Niemowlę

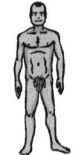

vyras

Mężczyzna

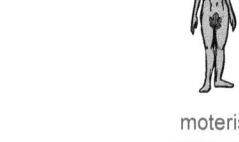

moteris

Kobieta

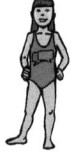

mergaitė

Dziewczyna

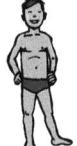

berniukas

Chłopiec

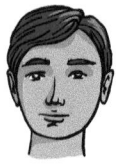

galva

Głowa

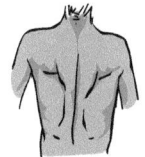

nugara

Plecy

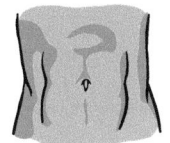

pilvas

Brzuch

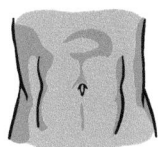

bamba

Pępek

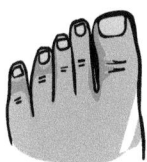

kojos pirštas

palec nogi

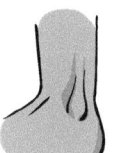

kulnas

Pięta

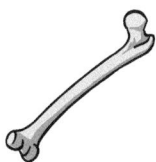

kaulas

Kość

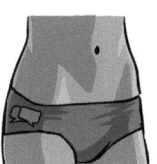

klubas

Biodro

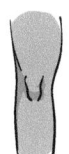

kelis

Kolano

alkūnė

Łokieć

nosis

Nos

sėdmenys

Pośladki

oda

Skóra

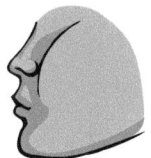

skruostas

Policzek

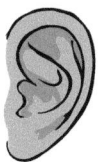

ausis

Uszy

lūpa

Warga

burna

Usta

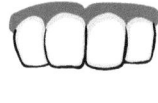

dantis

Ząb

liežuvis

Język

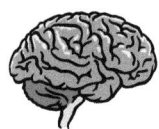

smegenys

Mózg

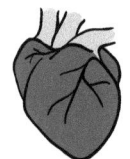

širdis

Serce

raumuo

Mięsień

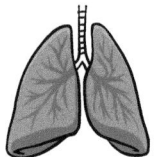

plaučiai

Płuca

kepenys

Wątroba

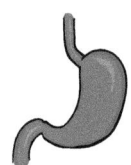

skrandis

Żołądek

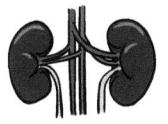

inkstai

Nerki

seksas

Stosunek płciowy

prezervatyvas

Kondom

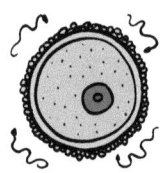

kiaušialąstė

Komórka jajowa

sperma

Sperma

nėštumas

Ciąża

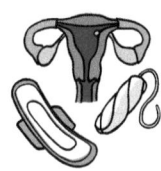

menstruacijos

Menstruacja

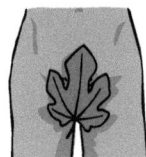

makštis

Wagina

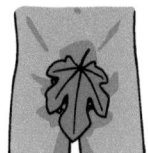

varpa

Penis

antakis

Brew

plaukai

Włosy

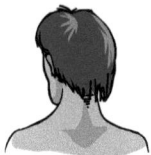

kaklas

Szyja

ligoninė
Szpital

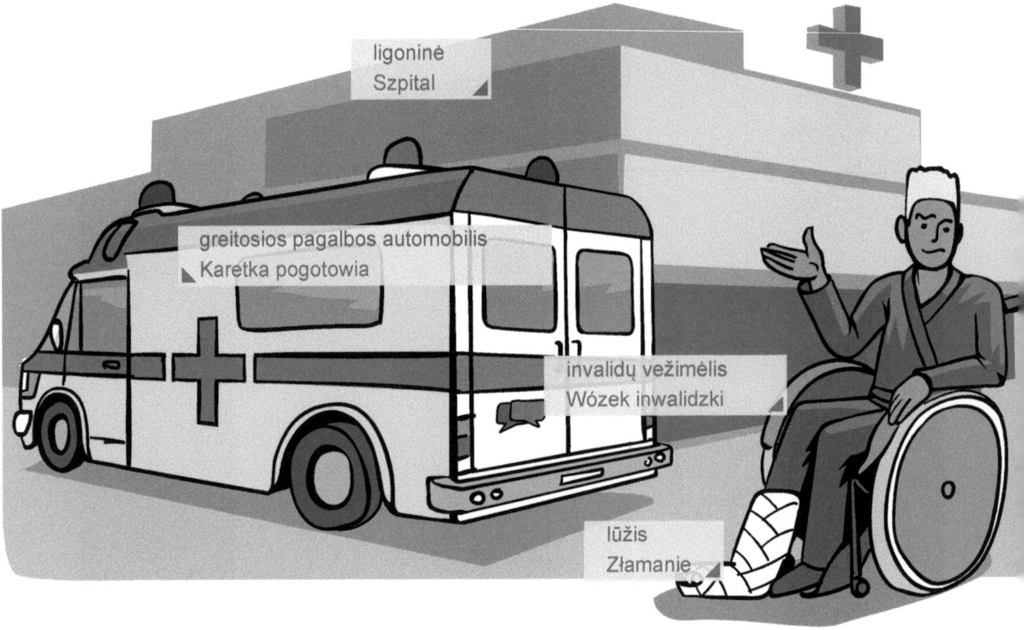

ligoninė
Szpital
greitosios pagalbos automobilis
Karetka pogotowia
invalidų vežimėlis
Wózek inwalidzki
lūžis
Złamanie

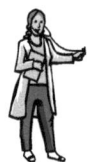

gydytojas

Lekarz

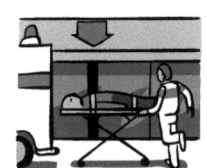

skubios pagalbos skyrius

Izba przyjęć

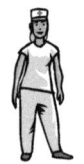

slaugytoja

Pielęgniarka

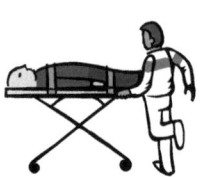

nelaimingas atsitikimas

Nagły przypadek

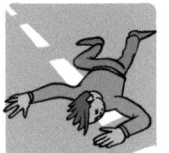

be sąmonės

nieprzytomny

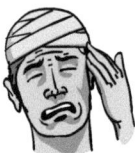

skausmas

Ból

sužalojimas

Skaleczenie

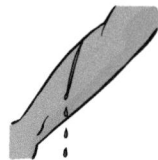

kraujavimas

Krwawienie

širdies smūgis

Zawał serca

insultas

Udar mózgu

alergija

Alergia

kosulys

Kaszleć

karščiavimas

Gorączka

gripas

Grypa

viduriavimas

Biegunka

galvos skausmas

Ból głowy

vėžys

Rak

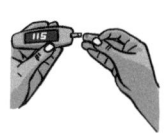

diabetas

Cukrzyca

chirurgas

Chirurg

skalpelis

Skalpel

operacija

Operacja

KT
....
CT

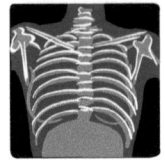

rentgenas
....
Rentgen

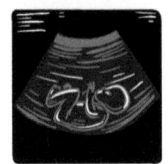

ultragarsas
....
Ultradźwięki

veido kaukė
....
Maska

liga
....
Choroba

laukiamasis
....
Poczekalnia

ramentas
....
Kula

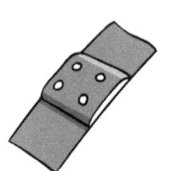

gipsas
....
Plaster

tvarstis
....
Opatrunek

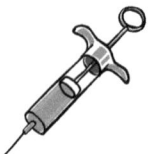

injekcija
....
Iniekcja

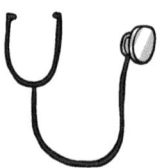

stetoskopas
....
Stetoskop

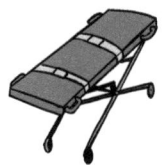

neštuvai
....
Nosze

termometras
....
Termometr

gimimas
....
Poród

antsvoris
....
Nadwaga

klausos aparatas

Aparat słuchowy

dezinfekavimo priemonė

Środek dezynfekcyjny

infekcija

Infekcja

virusas

Wirus

ŽIV / AIDS

HIV / AIDS

vaistas

Medycyna

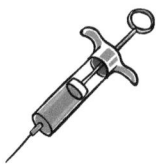

skiepijimas

Szczepienie

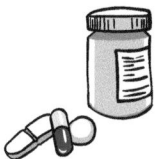

tabletės

Tabletki

piliulė

Pigułka

skubios pagalbos numeris

Telefon ratunkowy

kraujospūdžio matuoklis

Ciśnieniomierz krwi

ligotas / sveikas

chory / zdrowy

Padėkite!

Pomocy!

pavojaus signalas

Alarm

užpuolimas

Napad

ataka

Atak

pavojus

Niebezpieczeństwo

avarinis išėjimas

Wyjście awaryjne

Gaisras!

Pożar!

gesintuvas

Gaśnica

nelaimingas atsitikimas

Wypadek

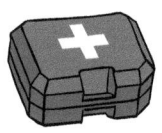

pirmosios pagalbos rinkinys

Walizeczka pierwszej pomocy

SOS

SOS

policija

Policja

Europa

Europa

Šiaurės Amerika

Ameryka Północna

Pietų Amerika

Ameryka Południowa

Afrika

Afryka

Azija

Azja

Australija

Australia

Atlanto vandenynas

Atlantyk

Ramusis vandenynas

Pacyfik

Indijos vandenynas

Ocean Indyjski

Pietų vandenynas

Ocean Antarktyczny

Arkties vandenynas

Ocean Arktyczny

Šiaurės ašigalis

Biegun północny

Pietų ašigalis

Biegun południowy

Antarktida

Antarktyda

Žemė

Ziemia

sausuma

Kraj

jūra

Morze

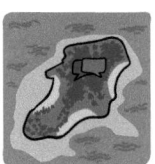

sala

Wyspa

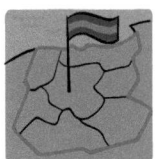

tauta

Naród

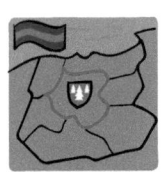

valstybė

Państwo

ciferblatas
Cyferblat

valandinė rodyklė
Wskazówka godzinowa

minutinė rodyklė
Wskazówka minutowa

sekundinė rodyklė
Wskazówka sekundowa

Kiek valandų?
Która godzina?

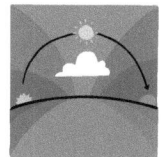

diena
Dzień

laikas
Czas

dabar
teraz

skaitmeninis laikrodis
Zegarek digitalny

minutė
Minuta

valanda
Godzina

savaitė
Tydzień

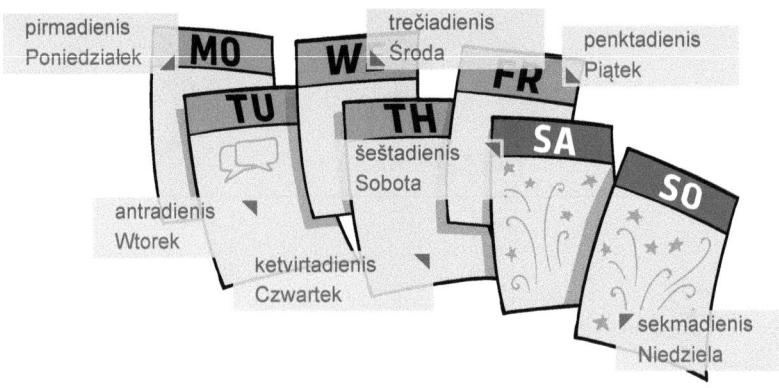

pirmadienis
Poniedziałek — MO

TU

antradienis
Wtorek

W — trečiadienis
Środa

TH

ketvirtadienis
Czwartek

šeštadienis
Sobota

FR — penktadienis
Piątek

SA

SO

sekmadienis
Niedziela

vakar
....
wczoraj

šiandien
....
dzisiaj

rytoj
....
jutro

rytas
....
Rano

vidurdienis
....
Południe

vakaras
....
Wieczór

darbo dienos
....
Dni robocze

savaitgalis
....
Weekend

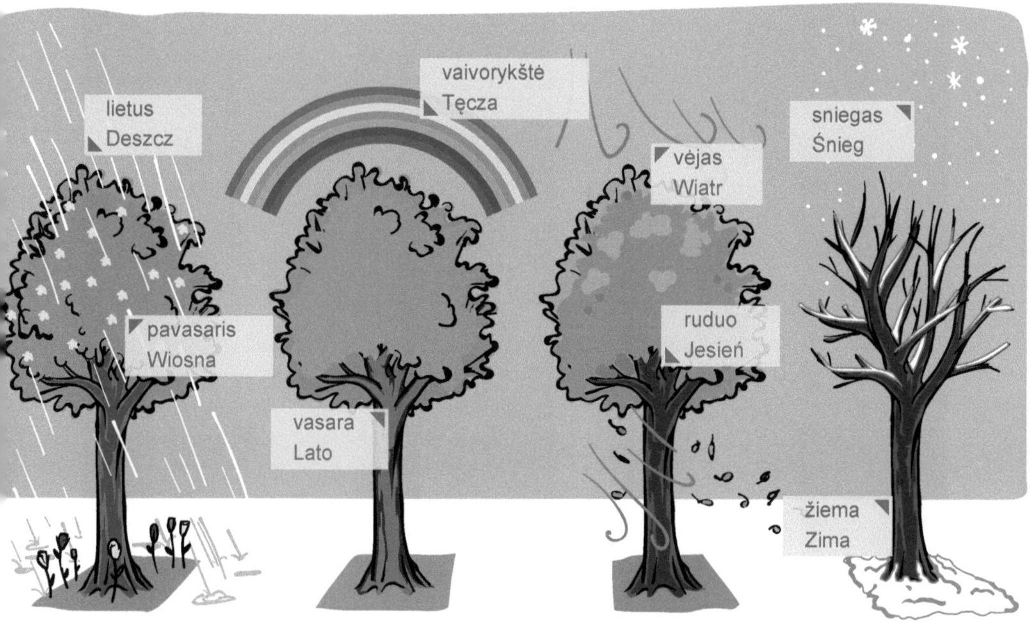

lietus
Deszcz
vaivorykštė
Tęcza
sniegas
Śnieg
vėjas
Wiatr
pavasaris
Wiosna
ruduo
Jesień
vasara
Lato
žiema
Zima

4.APRIL 11°
5.APRIL 4°
6.APRIL 13°
7.APRIL 8°
8.APRIL 10°

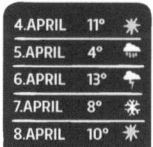

orų prognozė

Prognoza pogody

F C
120 40
90 30
60 20
30 10
0 0
-30 -10
-20

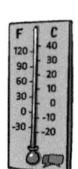

lauko termometras

Termometr

saulės šviesa

Światło słoneczne

debesis

Chmura

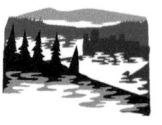

rūkas

Mgła

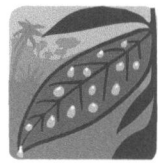

drėgmė

Wilgotność powietrza

žaibas

Błyskawica

griaustinis

Grzmot

audra

Sztorm

kruša

Grad

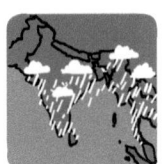

musonas

Monsun

potvynis

Potop

ledas

Lód

sausis

Styczeń

vasaris

Luty

kovas

Marzec

balandis

Kwiecień

gegužė

Maj

birželis

Czerwiec

liepa

Lipiec

rugpjūtis

Sierpień

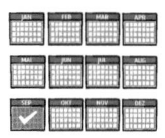

rugsėjis

Wrzesień

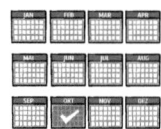

spalis

Październik

lapkritis

Listopad

gruodis

Grudzień

formos
Kształty

apskritimas

Koło

kvadratas

Kwadrat

stačiakampis

Prostokąt

trikampis

Trójkąt

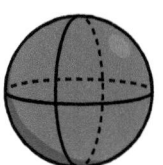

sfera

Kula

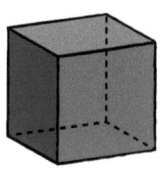

kubas

Sześcian

balta

biały

geltona

żółty

oranžinė

pomarańczowy

rožinė

różowy

raudona

czerwony

violetinė

liliowy

mėlyna

niebieski

žalia

zielony

ruda

brązowy

pilka

szary

juoda

czarny

daug / mažai

dużo / mało

piktas / ramus

wściekły / spokojny

gražus / bjaurus

piękny / brzydki

pradžia / pabaiga

początek / koniec

didelis / mažas

duży / mały

šviesus / tamsus

jasny / ciemny

brolis / sesuo

brat / siostra

švarus / purvinas

czysty / brudny

užbaigtas / neužbaigtas

kompletny / niekompletny

diena / naktis

dzień / noc

miręs / gyvas

umarły / żywy

platus / siauras

szeroki / wąski

valgomas / nevalgomas

jadalny / niejadalny

piktas / malonus

zły / uprzejmy

linksmas / nuobodus

podniecony / znudzony

storas / plonas

gruby / chudy

pirmiausia / paskiausia

najpierw / na końcu

draugas / priešas

przyjaciel / wróg

pilnas / tuščias

pełen / pusty

kietas / minkštas

twardy / miękki

sunkus / lengvas

ciężki / lekki

alkis / troškulys

głód / pragnienie

ligotas / sveikas

chory / zdrowy

nelegalus / legalus

nielegalny / legalny

protingas / kvailas

inteligentny / głupi

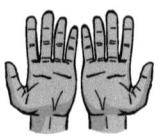

kairė / dešinė

lewo / prawo

arti / toli

bliski / daleki

naujas / naudotas

nowy / używany

niekas / kažkas

nic / coś

senas / jaunas

stary / młody

jjungta / išjungta

włącz / wyłącz

atidaryta / uždaryta

otwarty / zamknięty

tylus / garsus

cichy / głośny

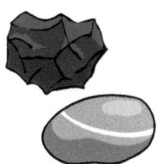

turtingas / vargšas

bogaty / biedny

teisus / neteisus

prawidłowy / błędny

šiurkštus / švelnus

chropowaty / gładki

liūdnas / laimingas

smutny / szczęśliwy

trumpas / ilgas

krótki / długi

lėtas / greitas

powolny / szybki

drėgnas / sausas

mokry/suchy

šiltas / šaltas

ciepły / chłodny

karas / taika

wojna / pokój

0	**1**	**2**
nulis	vienas	du
zero	jeden	dwa

3	**4**	**5**
trys	keturi	penki
trzy	cztery	pięć

6	**7**	**8**
šeši	septyni	aštuoni
sześć	siedem	osiem

9	**10**	**11**
devyni	dešimt	vienuolika
dziewięć	dziesięć	jedenaście

12
dvylika
dwanaście

13
trylika
trzynaście

14
keturiolika
czternaście

15
penkiolika
piętnaście

16
šešiolika
szesnaście

17
septyniolika
siedemnaście

18
aštuoniolika
osiemnaście

19
devyniolika
dziewiętnaście

20
dvidešimt
dwadzieścia

100
šimtas
sto

1.000
tūkstantis
tysiąc

1.000.000
milijonas
milion

angly

Angielski

amerikiečių anglų

Angielski amerykański

kinų (mandarinų)

Chiński mandaryński

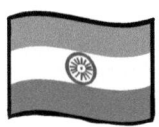

hindi

Hindi

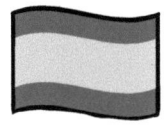

ispanų

Hiszpański

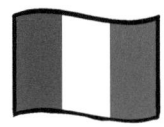

prancūzų

Francuski

arabų

Arabski

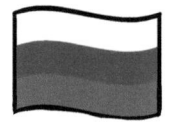

rusų

Rosyjski

portugalų

Portugalski

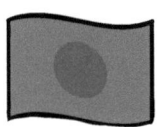

bengalų

Bengalski

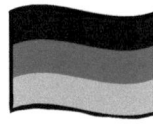

vokiečių

Niemiecki

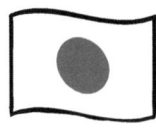

japonų

Japoński

aš
ja

tu
ty

jis / ji
on / ona / ono

mes
my

jūs
wy

jie
oni

kas?
kto?

ką?
co?

kaip?
jak?

kur?
gdzie?

kada?
kiedy?

vardas
Nazwisko

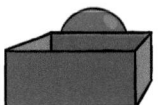

už
....
za

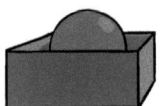

kur (vieta)
....
w

priešais
....
przed

virš
....
powyżej

ant
....
na

po
....
pod

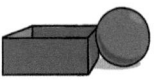

prie
....
obok

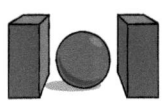

tarp
....
między

vieta
....
Miejsce